НОВГОРОД

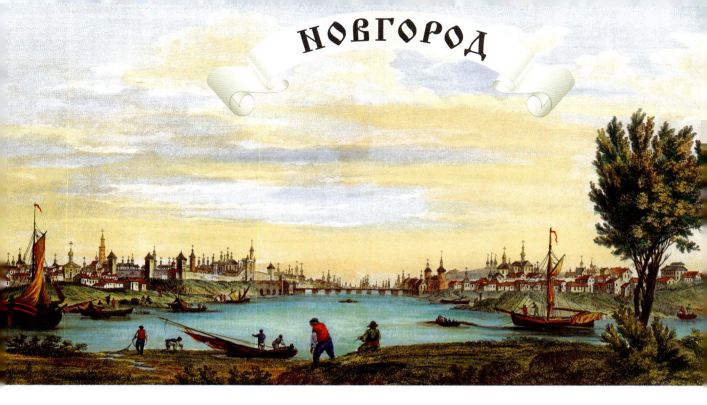

Velikij Novgorod (Groß-Novgorod), eine Stadt im Nordwesten Russlands, ist an der Mündung des Volchov, der dem Ilmen'-See entspringt, gelegen.

Der Novgoroder Boden ist nicht besonders fruchtbar und auch nicht reich an Bodenschätzen, den Hauptreichtum dieser Region bilden die unzähligen Denkmäler der Kunst, Kultur und Geschichte von Weltbedeutung, die im Laufe von zehn Jahrhunderten entstanden.

Novgorod leistete den wohl bedeutendsten Beitrag zur Gründung und Festigung des russischen Staates. In der Mitte des 9. Jahrhunderts gründeten die Häuptlinge der slawischen und finnougrischen Stämme, die die weiten Territorien um den Ilmen'-See besiedelten, einen Staat. Zur Ausübung der rechtsprechenden Gewalt und zur Aufrechterhaltung der Rechtsordnung luden sie den legendären

N. Ostapov. Novgorod. 1770. Radierung nach einer Zeichnung J.-H. Berghams aus dem Jahr 1733

Kreml vom Volchov gesehen

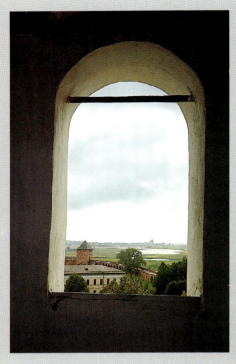

Blick vom Euthymius-Stundenläuter

Kreml. Spaskaja-Turm und Knjažja-Turm
15. Jh.

Kreml aus der Vogelperspektive

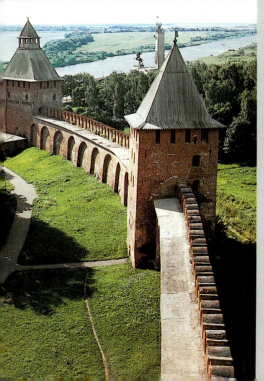

Kreml. Pokrovskaja-Turm (15.-16. Jh.) und Kokuj-Turm (17. Jh.)

Kreml. Mariä-Schutzmantel-Kirche 16.-17. Jh.

Kreml. St-Sophien-Glockenwand 15.-19. Jh.

Kreml. Glocken aus Novgoroder Kirchen 16.-17. Jh.

skandinavischen Fürsten Rurik mit seiner Družina* ein, den Begründer der Rurikiden-Dynastie, die über 700 Jahre in Russland herrschte.

Zu Beginn des 10. Jahrhunderts unternahmen die Novgoroder auf der Suche nach neuen Handelswegen einen Feldzug gegen Konstantinopel. Als Ergebnis entstand der für die Wirtschaft Russlands unentbehrliche Handelsweg »von den Warägern zu den Griechen«, zu dessen Sicherung die Fürsten der Ilmen'-Region nach dem mittleren Dnjepr-Gebiet, in die Nähe der byzantinischen Grenzen, zogen, wo sie die nächste Etappe der russischen Geschichte einleiteten, indem sie die Kiewer Rus gründeten.

Einer der ersten Posadniki (Statthalter) in Novgorod war illegitimer Sohn Svjatoslavs, des Fürsten von Kiew, Vladimir der Heilige, der später zum Alleinherrscher der Rus wurde und 988 das Christentum in Russland einführte.

---

* Im Alten Russland die Gefolgschaft des Fürsten, die zuerst vorwiegend aus Warägern, dann aus einheimischen Gefolgsleuten bestand.

Mit dieser Stadt ist auch das Leben eines anderen herausragenden Herrschers des russischen Mittelalters verbunden: Jaroslavs des Weisen, dem es 1019 durch Unterstützung der Novgoroder gelang, seinen mit ihm um die Macht rivalisierenden Bruder Svjatopolk aus Kiew zu vertreiben und die Regierung zu übernehmen. Unter diesem hochgebildeten Fürsten wurden wirksame Maßnahmen zur Festigung des christlichen Glaubens getroffen: Es entstanden die ersten Klöster, zahlreiche Kirchen wurden errichtet, viele Bücher aus dem Griechischen übersetzt und das Schrifttum weiterentwickelt.

Eine besondere Rolle spielte Novgorod während der feudalen Zersplitterung Russlands. 1136 vertrieben die Novgoroder zusammen mit den Pskovern Vladimir Mstislavovič, der den Fürstenthron geerbt hatte, aus der Stadt und erklärten, dass der Posadnik nun wieder, wie seit alters her, gewählt und vom Wetsche, der Stadtversammlung, bestätigt werde. Nach der bestehenden Tradition konnten damals theoretisch alle russischen Fürsten Ansprüche auf den Kiewer Großfürstenthron erheben, die reale Macht jedoch hatte derjenige, der in Kiew »saß« und dessen Vertreter die Novgoroder als ihren Fürsten anerkannten. Die neue politische Situation in Novgorod gab vielen Fürsten die Möglichkeit, um das Großfürstentum zu rivalisieren, was zum Übergewicht der Zentripetalkräfte über die zentrifugalen führte und somit zur Erhal-

Novgorod für einen der beiden politischen Orientierungspunkte entscheiden: Rom oder Konstantinopel.

Die Idee, im Schoß der orthodoxen Kirche zu bleiben, verfocht der Novgoroder Metropolit Nifont. Dafür erhielt er als erster in Russland die Erzbischofswürde, und die Novgoroder Eparchie wurde später zu einem Erzbistum. In der Mitte des 14. Jahrhunderts verlieh der Patriarch von Konstantinopel dem gewählten Novgo-

**Kreml. St.-Sophien-Kathedrale
1045-1050. Westfassade**

**St.-Sophien-Kathedrale
Kaiser Konstantin und die Heilige Helena.
Freske im Erzbischof-Martyrios-Schiff. 11. Jh.**

**St.-Sophien-Kathedrale
Hauptikonostas. 11.-19. Jh.**

tung der Einheit des Landes beitrug.

Im 15. Jahrhundert begann der Kampf zwischen dem Moskauer und dem Litauischen Fürstentum um die Hauptrolle bei der Vereinigung der russischen Territorien. Der Sieg hing von Novgorod ab, dessen Lande vom Nordpolarmeer bis Tver' und Smolensk und von der Ostsee bis zum Unterlauf der Ob' hinter dem Ural erstreckten. Die alte Novgoroder Aristokratie strebte ein Bündnis mit Litauen an, die breiten Volksmassen aber waren für den Großfürsten von Moskau, Ivan III. Durch die Vereinigung von Novgorod und Moskau im Jahre 1478 wurde der Grundstein zum einheitlichen, zentralistischen russischen Staat gelegt. Es ist deswegen nicht verwunderlich, dass 1862, als Russland sein 1000jähriges Jubiläum feierte, gerade in Novgorod das Denkmal »Tausend Jahre Russland« errichtet wurde.

Novgorod ist das älteste christliche Zentrum des heutigen Russland. In der Mitte des 11. Jahrhunderts, nach der Aufspaltung der einheitlichen christlichen Kirche in die orthodoxe und römisch-katholische, musste sich

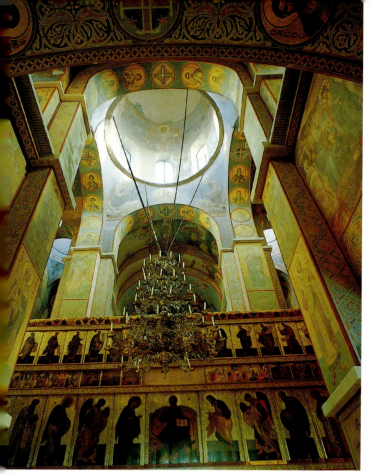

roder Erzbischof, Vasilij Kalika, einen weißen Klobuk, eine besondere Mönchskappe, die zusammen mit dem kreuzverzierten Priesterornat zu einer Art Abzeichen der Novgoroder Erzbischöfe wurde. Seit der Ernennung des Novgoroder Erzbischofs Gennadij zu Beginn des 16. Jahrhunderts zum Metropoliten von ganz Russland trugen alle Metropoliten einen weißen Klobuk, und seit 1592, als der Metropolit Hiob zum Patriarchen von Moskau und ganz Russland geweiht wurde, ist der Novgoroder weiße Klobuk, der seine ursprüngliche Form beibehalten hat, ein Attribut des Patriarchengewandes.

Novgorod ist die Wiege der russischen demokratischen und republikanischen Traditionen. Die Selbständigkeitsbestrebungen Novgorods reichen weit zurück. Seit dem späten 12. Jahrhundert wählten, wie bereits oben gesagt, die Novgoroder Bojaren die bis dahin von den Fürsten ernannten Posadniki aus der Bojarenschaft und später auch die Tysjackij (Tausendschaftsführer), die immer mehr an Einfluß gewannen. Seit 1193 wurden auch die Erzbischöfe gewählt. Der Fürst selbst besaß wenig Macht. Er kam meist aus einem benachbarten Fürstentum und wurde jeweils nach Novgorod »eingeladen«, die fürstlichen Funktionen zu übernehmen, wobei er dem Wetsche schwören mußte, dass er alle in einer besonderen Urkunde festgelegten Bedingungen einhalten würde. Die »Einladungen« und »Entlassungen« erfolgten manchmal zwei oder dreimal im Jahr, denn auf dem Jaroslav-Dvorišče (Hof) und in verschiedenen Stadtteilen tobte ab und zu das Wetsche, was oft in einen Aufstand ausartete.

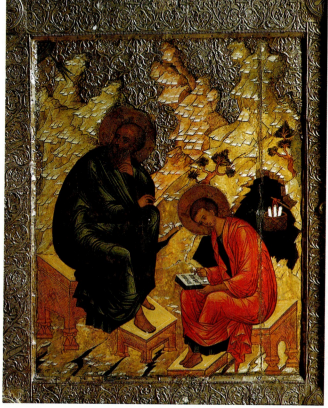

Novgorod ist das älteste internationale Handelszentrum Osteuropas. In der Mitte des 8. Jahrhunderts entdeckten die Kaufleute Nordeuropas einen neuen Handelsweg nach Asien: aus dem Baltikum über die Newa in den Ladoga-See, dann auf dem Volchov in den Ilmen'-See, ferner auf dem Msta-Fluß, dann ein Stück auf dem Schleifwege bis zur Wolga und auf der Wolga in das Kaspische Meer. Diesen Weg benutzte man etwa eintausend Jahre. Und von Anfang an war Novgorod die wichtigste Station, ein Umschlaghafen und Tauschplatz, an dem die europäischen und asiatischen Kaufleute ihre Waren tauschten, und der so eine Art ökonomische Grenze zwischen Europa und Asien bildete.

Mehrere Jahrhunderte lang prägten die Novgoroder, die einen regen

St.-Sophien-Kathedrale. Innenansicht

Heilige Dreifaltigkeit. Ikone. 17. Jh. Christi-Geburt-Ikonostas der St.-Sophien-Kathedrale

Johannes der Evangelist und der Heilige Prochor. Ikone (Flügel der Zarenpforte). 16. Jh. Christi-Geburt-Ikonostas der St.-Sophien-Kathedrale

St.-Sophien-Kathedrale. Zarenbetstuhl Detail der Holzschnitzerei

St.-Sophien-Kathedrale Zarenbetstuhl. 16. Jh.

internationalen Handel betrieben, kein eigenes Geld, sondern bedienten sich der Silbermünzen anderer Länder. Die ausländischen Münzen wurden nach Gewicht eingeschätzt und, falls nötig, beschnitten. Später schmolz man sie zu Silberbarren, genannt Grivnas, ein, bis in Novgorod der Rubel*, eine Grivna mit einem bestimmten Gewicht, eingeführt wurde.

Erst 1420 begann man in Novgorod wegen der schlechten Qualität der ausländischen Münzen eigenes Geld zu prägen. Nach der Entstehung des zentralistischen Staates vereinheitlichten die Moskauer Behörden das Geld, wobei von allen Währungseinheiten nur die Moskauer und die Novgoroder beibehalten wurden. Auf die neuen russischen Münzen wurde ein Reiter mit Speer geprägt, daher das Wort »Kopeke«, denn »Speer« heißt auf Russisch »kopjo«.

Während der ganzen Geschichte Russlands verteidigten die Novgoroder nicht nur ihre eigene Unabhängigkeit, sondern auch alle russischen Lande. 1169 versuchte zum Beispiel der Großfürst Andrej Bogoljubskij, der in Vladimir seinen Sitz hatte, die alten Traditionen zu zerstören. Er brannte Kiew nieder und belagerte Novgorod. In dem ungleichen Kampf schlugen die Novgoroder zusammen mit den südrussischen Družinas den Feind und behielten ihre Freiheiten und Rechte. Ihren Sieg glaubten sie allerdings der wundertätigen Ikone »Maria orans« (Betende Maria) zu verdanken, die seitdem ein nationales Heiligtum des russischen Volkes ist.

Im 13. Jahrhundert blieb die Stadt während der tatarisch-mongolischen

---

* Russ. *Rubl'*, zu *rubit'* »abschneiden, abhauen«.

St.-Sophien-Kathedrale. Magdeburger (Sigtuna-) Tor. 12. Jh. Deutschland

St.-Sophien-Kathedrale Trommel der Hauptkuppel. Prophet Solomon. Freske. 12. Jh.

St.-Sophien-Kathedrale Trommel der Hauptkuppel Prophet Daniel. Freske. 12. Jh.

Kreml. St.-Sophien-Kathedrale Ostfassade

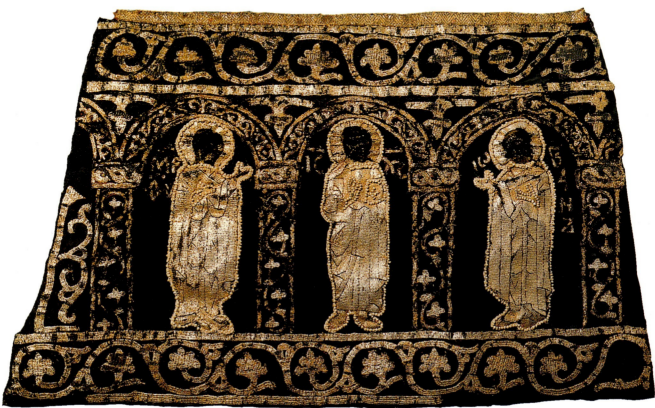

Invasion dank des Heldenmutes der Bürger der kleinen Stadt Toržok (heute Novyj Torg) von der Zerstörung und Ausplünderung verschont: Die Toržoker hielten das riesige wilde Heer Batu Chans durch ihren selbstlosen Kampf bis zum Frühlingsbeginn auf, als die wenigen Straßen unbenutzbar wurden und die Feinde sich in die Steppen zurückzogen. Nach dem Willen des Großfürsten Alexander Newskij teilte Novgorod das Schicksal aller von den Tataren unterworfenen russischen Lande. 1259 ließ er die Novgoroder sich einer tatarischen Volkszählung unterziehen und dann ebenfalls Tribut an die Goldene Horde zahlen. Die reiche Novgoroder Stadtrepublik trug einen wesentlichen Teil der gesamten Tributlast und verminderte somit die Gefahr der verheerenden Raubüberfälle der Tataren auf die südlichen Fürstentümer.

Novgorod leistete auch einen wichtigen Beitrag zur Verteidigung der nordwestlichen Grenzen der Rus. 1240 schlug das von Alexander Newskij angeführte Novgoroder Volksaufgebot am Ufer der Newa das schwedische Heer unter Birger Jarl (wofür der 20jährige Fürst Alexander seinen Ehrentitel erhielt*), und zwei Jahre später brachten die Novgoroder zusammen mit den Vladimirer Družinas in der »Eisschlacht auf dem Peipussee« dem vereinten Heer der deutschen Kreuzritter eine vernichtende Niederlage bei und wiesen den Vorstoß des Deutschen Ordens gegen Novgorod zurück. In dieser Schlacht erlitt die Ritterarmee die schwersten Verluste in der ganzen Geschichte der mittelalterlichen Kriege. Nach einer weiteren Niederlage des Deutschen Ordens, im Jahre 1268 bei Wesenberg, verzichtete das katholische Europa auf seine Pläne, die durch die Mongolenherrschaft geschwächte Rus geistig zu versklaven. So blieb der russisch-orthodoxe Glaube als offizielle Staatsreligion und Grundlage des nationalen Selbstbewußtseins erhalten.

Mit Novgorod sind die ältesten Informationsquellen über die Entwicklung des altrussischen Rechtes verbunden. 1016 befreite Jaroslav der Weise die Novgoroder, die ihn im Kampf um den Kiewer Großfürstenthron unterstützt hatten, vom Fürstengericht, indem er es ihnen überließ, ihre Streitfälle

---

* »Newskij« ist ein Adjektiv von »Newa«.

Kreml. Vladyčnyj Dvor (Sitz des Erzbischofs)
Erzbischofspalast. 15. Jh. Facettenpalast. 1433

Teil des liturgischen Gewandes des Heiligen Warlaam von Chutyn'
Stickerei. 12. Jh. Museumsreservat Novgorod

Kreml. Euthymius-Stundenläuter. 15.-17. Jh.

Liturgisches Kreuz. 1600. Novgorod. Gold, Edelsteine, Email,
Filigran, gegossen, geschnitzt. Museumsreservat Novgorod→

Das Große Sophia-Zion. Mitte des 12. Jh. Novgorod
Aus der Sakristei der St.-Sophien-Kathedrale
Silber, getrieben, vergoldet. Museumsreservat Novgorod→

Patene. 1435. Novgorod. Meister Ivan. Aus der Sakristei der
St.-Sophien-Kathedrale. Silber, getrieben, graviert, vergoldet
Museumsreservat Novgorod→

Weihrauchfaß. 17. Jh. Novgorod. Silber, Email, Filigran,
Nielloarbeit, graviert. Museumsreservat Novgorod→

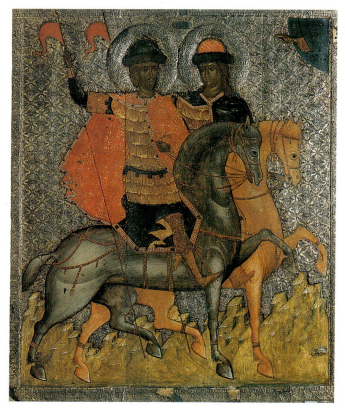
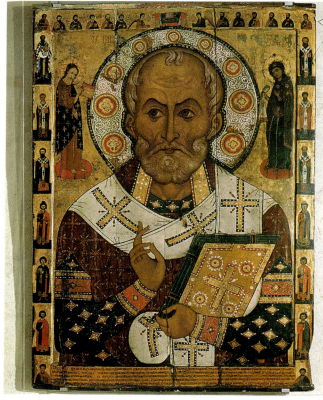

←Detail des Ikonenbeschlags. 17. Jh. Novgorod. Silber, Email, vergoldet Museumsreservat Novgorod

←Krater. 12. Jh. Novgorod. Silber, getrieben, vergoldet, Nielloarbeits Museumsreservat Novgorod

Die Heiligen Boris und Gleb. Ikone Um 1377. Aus der Boris-und-Gleb-Kirche in Plotniki. Museumsreservat Novgorod

Aleksa Petrov. *Der Heilige Nikolaus*. Ikone 1294. Aus der St.-Nikolaus-Kirche »na Lipnje«. Museumsreservat Novgorod

Andrejčina-Evangeliar. 16. Jh. Museumsreservat Novgorod

Schlacht der Novgoroder gegen die Susdaler (Wundertat der Ikone »Maria orans«). 1460er Jahre Museumsreservat Novgorod

selbst zu schlichten, und befahl, die existierenden Gesetze und Normen der Gerichtspraxis, welche die aristokratischen Gesellschaftskreise betrafen, niederzuschreiben. Diese aus den alten Handschriften überlieferte Gesetzessammlung heißt »Ruskaja Pravda« (dt. »russisches Recht«).

Novgorod ist das älteste Bildungszentrum Russlands. 1034 gründete hier Jaroslav der Weise eine Schule, in der gleichzeitig 300 Jungen lernen konnten. Diese Schule trug wesentlich zur Alphabetisierung der Bevölkerung bei, sowohl der Städter als auch der Landbewohner: Davon zeugen die zahlreichen bei den Ausgrabungen in Novgorod aufgefundenen Birkenrindenurkunden (auf Birkenrinde geritzte Schriftstücke), von denen viele vom Lande kamen. Die Güter der Novgoroder lagen nämlich oft weit von der Stadt entfernt und wurden praktisch durch Briefwechsel verwaltet. Ihrem Inhalt nach sind die Birkenrindenurkunden Privat- und Geschäftsbriefe, politische und militärische Nachrichten etc. Insgesamt handelt es sich bei diesen Schrift-

stücken um eine außerordentlich wichtige Quellengattung zur mittelalterlichen Geschichte Russlands.

Die älteste datierte Pergament-Handschrift in kirchenslawischer Sprache verdankt ihre Entstehung Novgorod: das Ostromir-Evangeliar. 1499 wurde überdies beim Hofe des Novgoroder Erzbischofs Gennadij erstmalig der ganze Text der Bibel ins Russische übersetzt. In der Mitte des 16. Jahrhunderts stellte der Erzbischof von Novgorod Makarij »Tschetji-Minei«*, eine nach Monaten eingeteilte Sammlung von Märtyrer- und Heiligen-

* Griech.-kirchenslaw. »Monatslektionen«, Lese-Menäen.

Denkmal »Tausend Jahre Russland«
Hochrelief »Schriftsteller und Künstler«

Denkmal »Tausend Jahre Russland«
Zar Peter der Große

Denkmal »Tausend Jahre Russland«
Hochrelief »Aufklärer Russlands«

Denkmal »Tausend Jahre Russland«
1862. Bildhauer M. Mikešin

geschichten, zusammen. 1536 übersetzte der Mönch Dmitrij den Psalter aus dem Lateinischen ins Russische.

In den alten Novgoroder Kirchen und Klöstern sind einzigartige historische Dokumente und Bücher des Altertums erhalten geblieben. Ein besonderer Platz kommt der berühmten Bibliothek der St.-Sophien-Kathedrale zu, in der die bedeutendsten Quellen zur Geschichte des russischen Mittelalters aufbewahrt werden.

Novgorod ist nach Kiew die zweite russische Stadt, in der eine eigene Chronik geschrieben wurde. Es sind mehrere Annalen erhalten geblieben, und zwar nicht nur deren spätere Kopien, sondern auch Originalschriften.

Mit Novgorod sind auch die ersten Informationen über den Werdegang der russischen Wissenschaft verknüpft. Bereits 1136 verfasste der 26jährige Mönch und Chorleiter der Mariä-Geburt-Kirche des St.-Antonius-Klosters namens Kirik das älteste mathematische Buch in Russland, ein hervorragendes Werk, das der Zeitrechnung gewidmet ist.

Novgorod ist auch als eines der interessantesten Kunstzentren Europas bekannt. Während der 1000 Jahre wurden hier nicht weniger Kulturdenkmäler vernichtet als in den anderen russischen Landen, jedoch schuf die besondere politische Lage, die geistige Freiheit und die territoriale Autonomie der Novgoroder Stadtrepublik ein enormes Kulturpotential, dem die Zeit nichts anhaben konnte.

Für den Schutz und die Erhaltung all dieser Schätze — Denkmäler der Architektur, Bildhauerei, Fresken- und Ikonenmalerei sowie der angewandten Kunst — ist zur Zeit das Novgoroder Museumsreservat zuständig. Die Besucher können heute ein einzigartiges Bauensemble aus dem Zeitraum vom 11. bis zum 17. Jahrhundert bewundern, vor allem den Kreml (Djetinec), der bereits 1044 urkundlich erwähnt wurde. Ursprünglich befand sich auf dem Gelände des Kreml nur der Bischofspalast. In eine richtige Festung wurde er erst zu Beginn des 14. Jahrhunderts verwandelt, als er wesentlich erweitert und die Holzmauern durch steinerne ersetzt wurden. Am Ende des 14. Jahrhunderts wurde die ganze Stadt mit

Jaroslav-Hof und Markt

←**Kreml vom Volchov gesehen**→

Erdwällen umgeben und darauf Holzmauern mit Steintürmen errichtet. Sein heutiges Aussehen erhielt der Kreml am Ende des 15. Jahrhunderts. Im Kreml versammelte sich das Wetsche, wurden ausländische Gesandte empfangen, die in den Krieg ziehenden Družinas geehrt etc. Im 16. Jahrhundert entstand innerhalb der Stadt, um den Kreml herum, eine weitere Verteidigungslinie. Jahrhundertelang blieb Novgorod ein wichtiger strategischer Vorposten im Nordwesten des Landes. Seine Festung büßte ihre militärische Bedeutung erst zu Beginn des 18. Jahrhunderts ein, als Peter der Große das Baltikum dem Russischen Reich einverleibt hatte und St. Petersburg entstanden war.

Im Kreml befindet sich die älteste Kirche Russlands: die *St.-Sophien-Kathedrale*. Sie wurde gleich nach der Christianisierung der Rus, im Jahre 989, errichtet und war zuerst aus Holz, jedoch sehr reich dekoriert und hatte dreizehn Kuppeln. Jaroslav der Weise, durch diese ungewöhnliche Pracht tief beeindruckt, ließ nach seiner Thronbesteigung auch in Kiew eine St.-Sophien-Kirche mit dreizehn Kuppeln

Jaroslav-Hof. Myrrhophoren-Kirche. 1510

Jaroslav-Hof. St.-Prokop-Kirche. 1520
St.-Nikolaus-Dvoriščenskij-Kathedrale. 1113

St.-Paraskeva-Pjatnica-Kirche »na Torgu«. 1207

Theophanes der Grieche. Pantokrator. Freske. 1378
Christi-Verklärungs-Kirche in der Iljin-Straße

Christi-Verklärungs-Kirche in der Iljin-Straße. 1374

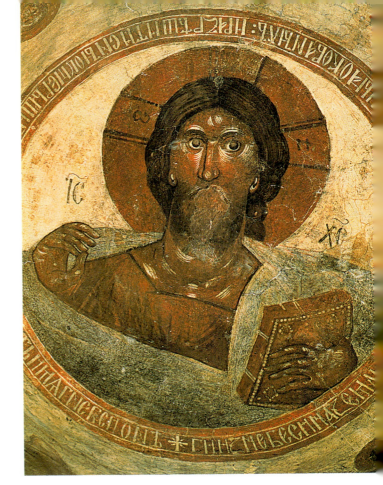

bauen. Unter seinem Sohn Vladimir wurde in Novgorod 1045 an der Stelle der abgebrannten hölzernen St.-Sophien-Kirche eine steinerne Kathedrale mit nur 5 Kuppeln errichtet, die bis heute erhalten blieb und nach der die meisten größeren Kirchen Russlands traditionell fünfkuppelig sind. Die »Heilige Sophia«, wie sie genannt wurde*, erlangte symbolische Bedeutung für die Stadt und das ganze, bis weit nach Nordrussland reichende Gebiet des »Herrn Groß-Novgorod«, denn in der Kathedrale wurden unter anderem auch wichtige politische Entscheidungen getroffen, Staats- und Handelsverträge geschlossen.

1900 fand unter der Anleitung des Akademiemitgliedes V.V. Suslov eine grundlegende Restaurierung des Gebäudes statt. Heute findet man im Innern der Kathedrale den alten Ikonostas mit Ikonen aus dem 14. bis 17. Jahrhundert, Freskenmalereien russischer Meister aus dem 11. und 12. Jahrhundert sowie Denkmäler der byzantinischen und westeuropäischen Kunst.

1991 wurde die Kathedrale der russisch-orthodoxen Kirche zurückgegeben. Seitdem wird hier die bereits erwähnte wundertätige Ikone »Maria orans« aufbewahrt.

Sehenswert sind auch die *St.-Sophien-Glockenwand* (1439) und das einzige Denkmal der gotischen Baukunst in Novgorod,

---

* Sie wurde, wie auch die Hauptkirche der christlichen Welt, die Hagia Sophia (grch. »Heilige Weisheit«) in Istanbul, dem Gottvater und Seiner schöpferischen Weisheit geweiht.

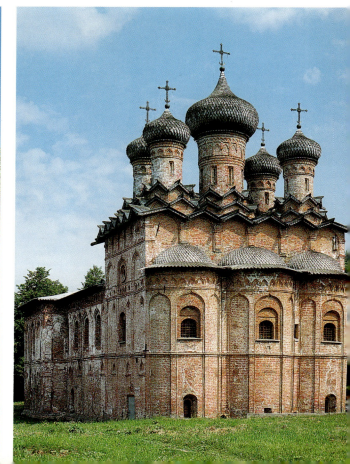

der *Facettenpalast*, der 1433 von den einheimischen Architekten unter Mithilfe deutscher Baumeister errichtet wurde.

Zu den ältesten Baudenkmälern zählt die 1113 nach einem erfolgreichen Feldzug gegen die Tschud'* auf Geheiß des Fürsten Mstislav Vladimirovič gebaute *St.-Nikolaus-Kathedrale auf dem Jaroslav-Dvorišče*. Im 17. Jahrhundert wurde die baufällig gewordene Kirche umgebaut und büßte ihr ursprüngliches Aussehen ein. Während der teilweise von der europäischen öffentlichen Gesellschaft »Hansa der Neuzeit« finanzierten Restaurierung in den letzten Jahren des 20. Jahrhunderts erhielt die Kathedrale ihre fünf Kuppeln zurück und es wurden Fresken aus dem 12. Jahrhunderts freigelegt.

Aus den Jahren 1117–1119 stammen die *Mariä-Geburt-Kirche* des St.-Antonius-Klosters und die *St.-Georgs-Kathedrale* des St.-Georgs-Klosters, die ebenfalls Freskenmalereien aus dem 12. Jahrhundert aufweisen.

In der zweiten Hälfte des 12. Jahrhunderts wurde in Novgorod ein neuer Kirchenbautyp hervorgebracht: kleiner und einfacher. Die Auftraggeber waren nun nicht nur Fürsten, sondern auch Bojaren, Vertreter der neuen Aristokratie. Als charakteristische Beispiele für diese Art sakraler Baukunst seien hier die *Verkündigungs-Kirche am Mjačino-See* (1179) und die *Christi-Verklärungs-Kirche auf dem Berg*

---

* Altrussische Bezeichnung für die Esten und die anderen finnischen Stämme östlich vom Onega-See.

Peter-Pauls-Kirche in Koževniki. 1406

St.-Theodor-Stratilates-Kirche »na Ručju«. 1360-1361

Peter-Pauls-Kirche »na Slavnje«. 1367

Dreifaltigkeits-Kirche des Heilig-Geist-Klosters. 1557

Znamenskij-Kathedrale. 1682-1688

Kirche Simeons des Gottesträgers im Zverin-Kloster. 1467 (links)

Erlöser-Kirche am Kovaljovo-See. 1345

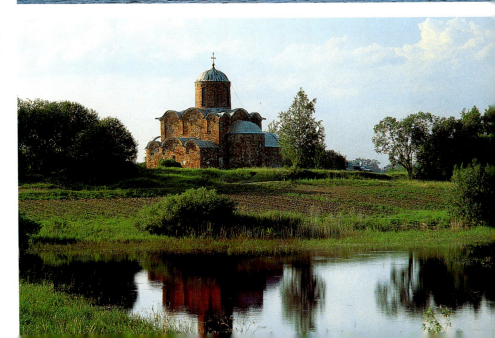

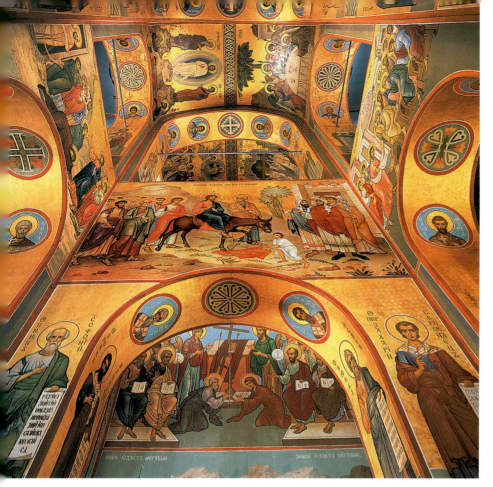

Neredica (1198) mit herrlichen Freskenmalereien, die *St.-Peter-und-Paul-Kirche auf dem Meisenberg* (1185) und die *St.-Elias-Kirche »na Slavnje«* (1198-1202) genannt. Diese Bauwerke haben während des Zweiten Weltkrieg schwer gelitten. Die Restaurierungsarbeiten dauern an.

In Novgorod findet man auch einzigartige Baudenkmäler des 13. Jahrhunderts, einer Zeit, in der Steinbauarbeiten in südlichen Regionen der Rus infolge der mongolischen Invasion fast zum Stillstand kamen. Dies sind die *St.-Paraskeva-Pjatnica-Kirche »na Torgu«* (auf dem Markt; 1207), errichtet von den Smolensker Kaufleuten, die *Mariä-Geburt-Kirche in der Peryn'-Einsiedelei* (Ende 12. — Anfang 13. Jh.) und die *St.-Nikolaus-Kirche »na Lipnje«* (1292).

Die Blütezeit der Novgoroder Republik (im 14. und 15 Jh.) repräsentieren die *St.-Theodor-Stratilates-Kirche »na Ručju«* (am Bach; 1361), die *Christi-Verklärungs-Kirche in der Iljin-Straße* (1374), die *Christi-Geburt-Kirche »na krasnom Polje«* (auf dem roten Feld; 1380), die *Peter-Pauls-Kirche in Koževniki* (1406) und die *Zwölf-Apostel-Kirche »na Propastech«* (1454). In den meisten von ihnen sind Wandmalereien erhalten geblieben. Besonders bekannt sind die Fresken des byzantinischen Meisters Theophanes' des Griechen in der Christi-Verklärungs-Kirche in der Iljin-Straße und die recht ungewöhnlichen Malereien in der kleinen *Kirche Simeons des Gottesträgers* im Zverin-Kloster (1467).

Von den Architekturdenkmälern des 16. und 17. Jahrhunderts sind vor allem die *Erzengel-Michael-Kirche* (16. Jh.), die *Myrrhophoren-Kirche* auf dem Jaroslav-Hof (1510) und die *Dreifaltigkeits-Kirche* im Heilig-Geist-Kloster (1557) sowie die große *Kathedrale der Ikone »Maria orans«* im Znamenskij-Kloster (17. Jh.) mit Fresken aus dem Jahr 1702 erwähnenswert.

In den 60er Jahren des 20. Jahrhunderts entstand in Vitoslavicy ein *Freilichtmuseum für Holzbau-kunst*, in dem Architekturdenkmäler des 16. bis 19. Jahrhunderts aus dem Novgoroder Gebiet zusammengetragen wurden. Die ältesten davon sind die *Mariä-*

Geburt-Kirche aus dem Dorf Peredki (1539) und die *Mariä-Entschlafen-Kirche* aus dem Dorf Kuricko (1596).

In den 30er und 40er Jahren des 20. Jahrhunderts beherbergten die Novgoroder Kirchen ca. 6000 Ikonen. Während des Zweiten Weltkrieges wurden die wertvollsten Bilder nach Deutschland verschleppt, die restlichen vernichtet. Nach dem Krieg kamen 478 Werke nach Novgorod zurück.

Heute sind im Museum von Novgorod viele kostbare Heiligenbilder ausgestellt: die älteste Ikone Russlands, »Die Apostel Petrus und Paulus« (11. Jh); eine der ersten signierten Ikonen, »Der Hl. Nikolaus« von Aleksa Petrov aus dem Jahr 1294; »Mariä Schutzmantel« (14. Jh.); »Die Heiligen Boris und Gleb« (14. Jh.);

St.-Georgs-Kloster
St.-Georgs-Kathedrale. Innenansicht
Fresken aus den 1830er Jahren

St.-Georgs-Kloster
Kreuzaufrichtungs-Kirche. 1829

St.-Georgs-Kloster
St.-Georgs-Kathedrale. 1119

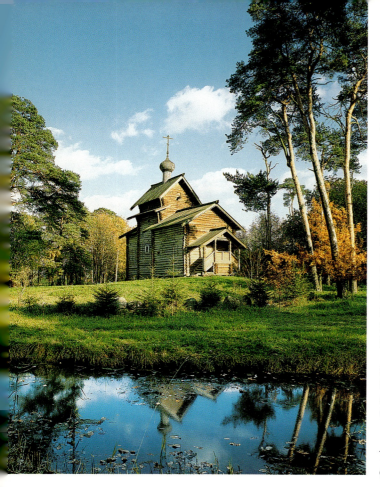

»Die Schlacht der Novgoroder gegen die Susdaler« (15. Jh.); Ikonen aus der Festreihe des Ikonostas der Mariä-Entschlafen-Kirche auf dem Volotov-Feld (15. Jh.); »Vision des Küsters Tarasij« (16. Jh.) u.a. Im Museum findet man auch zahlreiche Meisterwerke der altrussischen Volkskunst. Aus dem 12. Jahrhundert stammen die sogenannten Sophien-Kratere, vergoldete Silbergefäße, und das »Große Sophia-Zion«, ein Modell der Christi-Auferstehungs-Kirche in Jerusalem, die im Gottesdienst benutzt wurden, sowie die Novgoroder Emaillen. Im Facetten-Palast kann man Fürstengewänder, Kreuze, Panhagia-Ikonen*, Weihwassergefäße, Evangeliar-Beschläge aus dem 17. und 18. Jahrhundert, Goldstatuetten aus dem 13. bis 16. Jahrhundert, Schmuck etc. sehen. Ein besonderer Platz in der Exposition des Museums kommt der Sammlung von altrussischen Stickereien zu. Dies sind gold- und silberdurchwirkte Priestergewänder, Pallien u.a. Sehenswert sind auch solche Werke der angewandten Kunst wie das hölzerne Ljudogošèin-Kreuz (1359) aus der St.-Flor-und-Laurus-Kirche, Holzplastiken, die verschiedene Heilige darstellen, holzgeschnitzte Pforten, Ikonen und Ikonenschränke.

In den 30er Jahren des 20. Jahrhunderts, während der antireligiösen Kampagne, gelang es Novgorod, die alten Glocken, einzigartige Meisterwerke der russischen Gießer aus dem 16. und 17. Jahrhundert, zu retten. Die älteste Glocke datiert aus dem Jahr 1536.

---

* Panhagia, Panagia (grch. »Allheilige«), 1. Ehrentitel der Mutter Christi; 2. ein von den Bischöfen auf der Brust getragenes Marienbild.

Freilichtmuseum für Holzbaukunst »Vitoslavlicy«. St.-Nikolaus-Kirche aus dem Dorf Tucholja. 17. Jh.

Freilichtmuseum für Holzbaukunst »Vitoslavlicy«. Windmühle aus dem Dorf Ladoščina. 1920er Jahre

Freilichtmuseum für Holzbaukunst »Vitoslavlicy«. Mariä-Geburt-Kirche aus dem Dorf Peredki. 1539

In den Nachkriegsjahren entstand im Museum nach und nach eine bedeutende Sammlung von archäologischen Funden. Systematische Ausgrabungsarbeiten begannen in Novgorod 1932. Das wichtigste Ergebnis dieser Untersuchungen war die Entdeckung der Birkenrindenurkunden aus dem 11. bis 15. Jahrhundert im Jahr 1951. Bisher wurden insgesamt über 900 Schriftstücke gefunden. Im Novgoroder Boden treffen die Archäologen oft auf Bleisiegel aus dem 11. bis 15. Jahrhundert. Diese wahren Meisterwerke der altrussischen Plastik stellen zugleich einzigartige Informationsquellen über verschiedene Institutionen des alten Novgorod dar. Bemerkenswert sind auch Teile von mittelalterlichen Musikinstrumenten: Gusli, Schalmeien, Hörnern u.a. Die ältesten stammen aus dem 11. Jahrhundert. Eine wissenschaftlich fundierte Rekonstruktion dieser Instrumente half den Experten beim Erschliessen der rätselhaften Welt der mittelalterlichen Musik.

Vor dem Zweiten Weltkrieg besaß das Museum eine reiche Sammlung von altrussischen Manuskripten und Büchern, aber auch Bildern der besten russischen Künstler des 18. bis 20. Jahrhunderts.

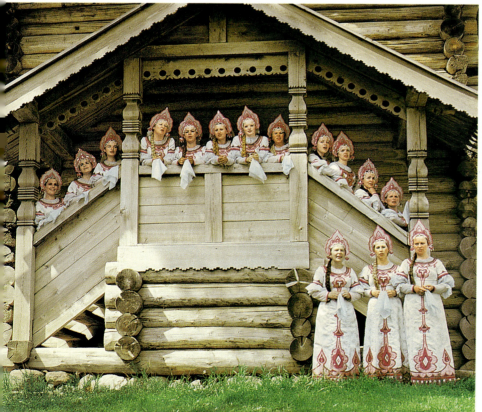

Freilichtmuseum für Holzbaukunst
»Vitoslavlicy«. Novgoroder Bauernhaus
Mitte des 19. Jh.

Folklore-Fest im Freilichtmuseum
für Holzbaukunst »Vitoslavlicy«

Freilichtmuseum für Holzbaukunst
»Vitoslavlicy«
Bauernhaus. Innenansicht

Freilichtmuseum für
Holzbaukunst »Vitoslavlicy«
Alltagsgegenstände aus Bast

Der größte Teil der Kollektion wurde von den Besatzern geraubt, und in den Nachkriegsjahren musste die Exposition langsam und mühsam neu geschaffen werden.

Sehenswert sind auch zahlreiche Alltagsgegenstände aus dem 19. und 20. Jahrhundert, die von den ethnographischen Expeditionen des Freilichtmuseums für Holzbaukunst »Vitislavlicy« gefunden wurden. Sie vermitteln eine Vorstellung vom Leben der Novgoroder Bauern, ihren Festen und Alltagsbeschäftigungen, ihren Sitten und Bräuchen.

Im 18. Jahrhundert, nach der Gründung St. Petersburgs, der neuen Hauptstadt des Russischen Reiches, eines Stützpunktes Russlands an der Ostsee, büßte Novgorod seine Rolle als Festung und internationales Handelszentrum ein. Das stolze Symbol der Demokratie verwandelte sich in eine kleine Provinzstadt, in der nur die vielen Kunst- und Kulturdenkmäler an die einstige Größe Novgorods erinnern. 1927 wurde das Gouvernement Novgorod dem Gebiet Leningrad angegliedert und verlor endgültig seine Autonomie.

1944 wurde Novgorod »zwecks Beschleunigung der Wiederherstellungsarbeiten« sein früherer Status zurückgegeben, und seit den 60er Jahren entwickelte sich die Stadt allmählich zu einem bedeutenden Industriezentrum, doch ihre historischen und kulturellen Traditionen, die der offiziellen Ideologie nicht entsprachen, blieben nach wie vor vergessen. Erst Anfang der 90er Jahre ermöglichte die neue politische Situation im Lande einen neuen Entwicklungsweg für Novgorod. Das durch die Perestrojka bedingte günstige politische Klima in der Region erlaubte es, Novgorod relativ schnell als politisches, internationales und kulturhistorisches Zentrum Russlands aufblühen zu lassen. Die Denkmäler des Altertums wurden auf die Liste der zu rettenden und zu erhaltenden internationalen Kulturschätze der UNESCO gesetzt, und die Stadt erhielt schließlich ihren historischen Namen, Velikij Novgorod, zurück, der ihrer Rolle sowohl in der Geschichte als auch im gegenwärtigen Leben Russlands besser entspricht.

© *Museumsreservat Novgorod, 2001*
© *Kunstverlag »Ivan Fiodorov«, St. Petersburg, 2003*
© *Nikolaj Grinjov, 2001*: Text
© *Roman Eiwadis, 2001*: Übersetzung. © *Nikolaj Kutovoj, 2001*: Layout
© *Valerij Barnev, Pavel Demidov, Aleksandr Ovčinnikov, Viktor Savik,*
Oleg Trubskij, Georgij Šablovskij, Vladimir Melnikov, 2001: Fotos
Computersatz: *Jelena Morozova*
Koordination: *Irina Lvova*
Ivan Fiodorov Printing Company, St Petersburg (2262)
Printed in Russia